*dieses
Auftragsbuch
gehört ...*

Kunde   Auftrag Nr.

                                         Datum

                                         Liefertermin

Bestelldetails

Preis   Versandkosten

bezahlt per   verschickt am

am   Sendungs Nr

Kunde   Auftrag Nr.

                                         Datum

                                         Liefertermin

Bestelldetails

Preis   Versandkosten

bezahlt per   verschickt am

am   Sendungs Nr

Kunde   Auftrag Nr.

                                    Datum

                                    Liefertermin

Bestelldetails

Preis   Versandkosten

bezahlt per   verschickt am

am   Sendungs Nr

Kunde   Auftrag Nr.

                                    Datum

                                    Liefertermin

Bestelldetails

Preis   Versandkosten

bezahlt per   verschickt am

am   Sendungs Nr

Kunde   Auftrag Nr.

                                         Datum

                                         Liefertermin

Bestelldetails

Preis   Versandkosten

bezahlt per   verschickt am

am   Sendungs Nr

Kunde   Auftrag Nr.

                                         Datum

                                         Liefertermin

Bestelldetails

Preis   Versandkosten

bezahlt per   verschickt am

am   Sendungs Nr

Kunde *Auftrag Nr.*

Datum

Liefertermin

Bestelldetails

Preis *Versandkosten*

bezahlt per *verschickt am*

am *Sendungs Nr*

Kunde *Auftrag Nr.*

Datum

Liefertermin

Bestelldetails

Preis *Versandkosten*

bezahlt per *verschickt am*

am *Sendungs Nr*

Kunde   Auftrag Nr.

                                        Datum

                                        Liefertermin

Bestelldetails

Preis   Versandkosten

bezahlt per   verschickt am

am   Sendungs Nr

Kunde   Auftrag Nr.

                                        Datum

                                        Liefertermin

Bestelldetails

Preis   Versandkosten

bezahlt per   verschickt am

am   Sendungs Nr

Kunde   Auftrag Nr.

                                         Datum

                                         Liefertermin

Bestelldetails

Preis   Versandkosten

bezahlt per   verschickt am

am   Sendungs Nr

Kunde   Auftrag Nr.

                                         Datum

                                         Liefertermin

Bestelldetails

Preis   Versandkosten

bezahlt per   verschickt am

am   Sendungs Nr

Kunde Auftrag Nr.

Datum

Liefertermin

Bestelldetails

Preis Versandkosten

bezahlt per verschickt am

am Sendungs Nr

Kunde Auftrag Nr.

Datum

Liefertermin

Bestelldetails

Preis Versandkosten

bezahlt per verschickt am

am Sendungs Nr

Kunde   Auftrag Nr.
                         Datum
                         Liefertermin

Bestelldetails

Preis   Versandkosten
bezahlt per   verschickt am
am   Sendungs Nr

Kunde   Auftrag Nr.
                         Datum
                         Liefertermin

Bestelldetails

Preis   Versandkosten
bezahlt per   verschickt am
am   Sendungs Nr

Kunde   Auftrag Nr.

                                     Datum

                                     Liefertermin

Bestelldetails

Preis   Versandkosten

bezahlt per   verschickt am

am   Sendungs Nr

Kunde   Auftrag Nr.

                                     Datum

                                     Liefertermin

Bestelldetails

Preis   Versandkosten

bezahlt per   verschickt am

am   Sendungs Nr

Kunde											Auftrag Nr.

Datum

Liefertermin

Bestelldetails

Preis											Versandkosten

bezahlt per										verschickt am

am											Sendungs Nr

Kunde											Auftrag Nr.

Datum

Liefertermin

Bestelldetails

Preis											Versandkosten

bezahlt per										verschickt am

am											Sendungs Nr

Kunde   Auftrag Nr.

                                           Datum

                                           Liefertermin

Bestelldetails

Preis   Versandkosten

bezahlt per   verschickt am

am   Sendungs Nr

Kunde   Auftrag Nr.

                                           Datum

                                           Liefertermin

Bestelldetails

Preis   Versandkosten

bezahlt per   verschickt am

am   Sendungs Nr

Kunde   Auftrag Nr.

                                   Datum

                                   Liefertermin

Bestelldetails

Preis   Versandkosten

bezahlt per   verschickt am

am   Sendungs Nr

Kunde   Auftrag Nr.

                                   Datum

                                   Liefertermin

Bestelldetails

Preis   Versandkosten

bezahlt per   verschickt am

am   Sendungs Nr

Kunde   Auftrag Nr.
                                        Datum
                                        Liefertermin

Bestelldetails

Preis   Versandkosten
bezahlt per   verschickt am
am   Sendungs Nr

Kunde   Auftrag Nr.
                                        Datum
                                        Liefertermin

Bestelldetails

Preis   Versandkosten
bezahlt per   verschickt am
am   Sendungs Nr

Kunde   Auftrag Nr.

                                   Datum

                                   Liefertermin

Bestelldetails

Preis   Versandkosten

bezahlt per   verschickt am

am   Sendungs Nr

Kunde   Auftrag Nr.

                                   Datum

                                   Liefertermin

Bestelldetails

Preis   Versandkosten

bezahlt per   verschickt am

am   Sendungs Nr

Kunde   Auftrag Nr.

                                         Datum

                                         Liefertermin

Bestelldetails

Preis   Versandkosten

bezahlt per   verschickt am

am   Sendungs Nr

Kunde   Auftrag Nr.

                                         Datum

                                         Liefertermin

Bestelldetails

Preis   Versandkosten

bezahlt per   verschickt am

am   Sendungs Nr

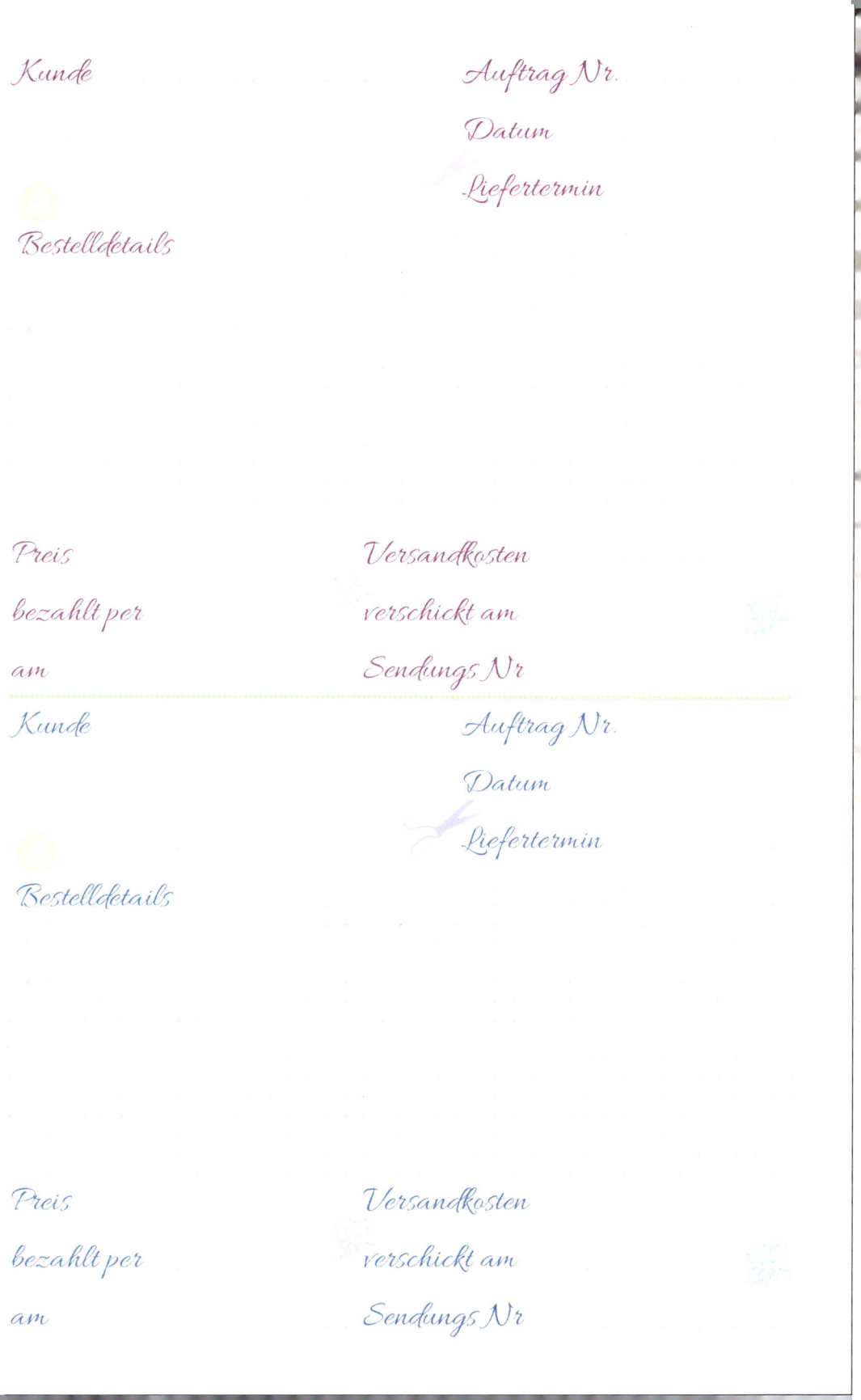

Kunde								Auftrag Nr.

								Datum

								Liefertermin

Bestelldetails

Preis						Versandkosten

bezahlt per					verschickt am

am							Sendungs Nr

Kunde								Auftrag Nr.

								Datum

								Liefertermin

Bestelldetails

Preis						Versandkosten

bezahlt per					verschickt am

am							Sendungs Nr

Kunde Auftrag Nr.

Datum

Liefertermin

Bestelldetails

Preis Versandkosten

bezahlt per verschickt am

am Sendungs Nr

Kunde Auftrag Nr.

Datum

Liefertermin

Bestelldetails

Preis Versandkosten

bezahlt per verschickt am

am Sendungs Nr

Kunde   Auftrag Nr.

                                     Datum

                                     Liefertermin

Bestelldetails

Preis   Versandkosten

bezahlt per   verschickt am

am   Sendungs Nr

Kunde   Auftrag Nr.

                                     Datum

                                     Liefertermin

Bestelldetails

Preis   Versandkosten

bezahlt per   verschickt am

am   Sendungs Nr

Kunde   Auftrag Nr.

                                        Datum

                                        Liefertermin

Bestelldetails

Preis   Versandkosten

bezahlt per   verschickt am

am   Sendungs Nr

Kunde   Auftrag Nr.

                                        Datum

                                        Liefertermin

Bestelldetails

Preis   Versandkosten

bezahlt per   verschickt am

am   Sendungs Nr

Kunde   Auftrag Nr.

                                         Datum

                                         Liefertermin

Bestelldetails

Preis   Versandkosten

bezahlt per   verschickt am

am   Sendungs Nr

Kunde   Auftrag Nr.

                                         Datum

                                         Liefertermin

Bestelldetails

Preis   Versandkosten

bezahlt per   verschickt am

am   Sendungs Nr

Kunde   Auftrag Nr.

                                        Datum

                                        Liefertermin

Bestelldetails

Preis   Versandkosten

bezahlt per   verschickt am

am   Sendungs Nr

Kunde   Auftrag Nr.

                                        Datum

                                        Liefertermin

Bestelldetails

Preis   Versandkosten

bezahlt per   verschickt am

am   Sendungs Nr

Kunde	Auftrag Nr.

Datum

Liefertermin

Bestelldetails

Preis	Versandkosten

bezahlt per	verschickt am

am	Sendungs Nr

Kunde	Auftrag Nr.

Datum

Liefertermin

Bestelldetails

Preis	Versandkosten

bezahlt per	verschickt am

am	Sendungs Nr

Kunde   Auftrag Nr.

                                    Datum

                                    Liefertermin

Bestelldetails

Preis   Versandkosten

bezahlt per   verschickt am

am   Sendungs Nr

Kunde   Auftrag Nr.

                                    Datum

                                    Liefertermin

Bestelldetails

Preis   Versandkosten

bezahlt per   verschickt am

am   Sendungs Nr

Kunde   Auftrag Nr.

                                        Datum

                                        Liefertermin

Bestelldetails

Preis   Versandkosten

bezahlt per   verschickt am

am   Sendungs Nr

Kunde   Auftrag Nr.

                                        Datum

                                        Liefertermin

Bestelldetails

Preis   Versandkosten

bezahlt per   verschickt am

am   Sendungs Nr

Kunde		Auftrag Nr.
		Datum
		Liefertermin

Bestelldetails

Preis		Versandkosten
bezahlt per		verschickt am
am		Sendungs Nr

Kunde		Auftrag Nr.
		Datum
		Liefertermin

Bestelldetails

Preis		Versandkosten
bezahlt per		verschickt am
am		Sendungs Nr

Kunde   Auftrag Nr.

                                         Datum

                                         Liefertermin

Bestelldetails

Preis   Versandkosten

bezahlt per   verschickt am

am   Sendungs Nr

Kunde   Auftrag Nr.

                                         Datum

                                         Liefertermin

Bestelldetails

Preis   Versandkosten

bezahlt per   verschickt am

am   Sendungs Nr

Kunde   Auftrag Nr.
                                         Datum
                                         Liefertermin

Bestelldetails

Preis   Versandkosten
bezahlt per   verschickt am
am   Sendungs Nr

Kunde   Auftrag Nr.
                                         Datum
                                         Liefertermin

Bestelldetails

Preis   Versandkosten
bezahlt per   verschickt am
am   Sendungs Nr

Kunde					Auftrag Nr.
					Datum
					Liefertermin

Bestelldetails

Preis				Versandkosten
bezahlt per			verschickt am
am				Sendungs Nr

Kunde					Auftrag Nr.
					Datum
					Liefertermin

Bestelldetails

Preis				Versandkosten
bezahlt per			verschickt am
am				Sendungs Nr

Kunde Auftrag Nr.

Datum

Liefertermin

Bestelldetails

Preis Versandkosten

bezahlt per verschickt am

am Sendungs Nr

Kunde Auftrag Nr.

Datum

Liefertermin

Bestelldetails

Preis Versandkosten

bezahlt per verschickt am

am Sendungs Nr

Kunde   Auftrag Nr.

                                        Datum

                                        Liefertermin

Bestelldetails

Preis   Versandkosten

bezahlt per   verschickt am

am   Sendungs Nr

Kunde   Auftrag Nr.

                                        Datum

                                        Liefertermin

Bestelldetails

Preis   Versandkosten

bezahlt per   verschickt am

am   Sendungs Nr

Kunde   Auftrag Nr.

                                        Datum

                                        Liefertermin

Bestelldetails

Preis   Versandkosten

bezahlt per   verschickt am

am   Sendungs Nr

Kunde   Auftrag Nr.

                                        Datum

                                        Liefertermin

Bestelldetails

Preis   Versandkosten

bezahlt per   verschickt am

am   Sendungs Nr

Kunde											Auftrag Nr.

											Datum

											Liefertermin

Bestelldetails

Preis							Versandkosten

bezahlt per					verschickt am

am								Sendungs Nr

Kunde											Auftrag Nr.

											Datum

											Liefertermin

Bestelldetails

Preis							Versandkosten

bezahlt per					verschickt am

am								Sendungs Nr

Kunde

Auftrag Nr.

Datum

Liefertermin

Bestelldetails

Preis

Versandkosten

bezahlt per

verschickt am

am

Sendungs Nr

Kunde

Auftrag Nr.

Datum

Liefertermin

Bestelldetails

Preis

Versandkosten

bezahlt per

verschickt am

am

Sendungs Nr

Kunde   Auftrag Nr.

                                    Datum

                                    Liefertermin

Bestelldetails

Preis   Versandkosten

bezahlt per   verschickt am

am   Sendungs Nr

Kunde   Auftrag Nr.

                                    Datum

                                    Liefertermin

Bestelldetails

Preis   Versandkosten

bezahlt per   verschickt am

am   Sendungs Nr

Kunde   Auftrag Nr.
                                         Datum
                                         Liefertermin

Bestelldetails

Preis   Versandkosten
bezahlt per   verschickt am
am   Sendungs Nr

Kunde   Auftrag Nr.
                                         Datum
                                         Liefertermin

Bestelldetails

Preis   Versandkosten
bezahlt per   verschickt am
am   Sendungs Nr

Kunde		Auftrag Nr.
		Datum
		Liefertermin

Bestelldetails

Preis	Versandkosten
bezahlt per	verschickt am
am	Sendungs Nr

Kunde		Auftrag Nr.
		Datum
		Liefertermin

Bestelldetails

Preis	Versandkosten
bezahlt per	verschickt am
am	Sendungs Nr

Kunde　　　　　　　　　　　Auftrag Nr.

　　　　　　　　　　　　　　Datum

　　　　　　　　　　　　　　Liefertermin

Bestelldetails

Preis　　　　　　　　　　　Versandkosten

bezahlt per　　　　　　　　verschickt am

am　　　　　　　　　　　　Sendungs Nr

Kunde　　　　　　　　　　　Auftrag Nr.

　　　　　　　　　　　　　　Datum

　　　　　　　　　　　　　　Liefertermin

Bestelldetails

Preis　　　　　　　　　　　Versandkosten

bezahlt per　　　　　　　　verschickt am

am　　　　　　　　　　　　Sendungs Nr

Kunde   *Auftrag Nr.*

Datum

Liefertermin

Bestelldetails

Preis   *Versandkosten*

bezahlt per   *verschickt am*

am   *Sendungs Nr*

Kunde   *Auftrag Nr.*

Datum

Liefertermin

Bestelldetails

Preis   *Versandkosten*

bezahlt per   *verschickt am*

am   *Sendungs Nr*

Printed in Poland
by Amazon Fulfillment
Poland Sp. z o.o., Wrocław

30022214R00025